CATALOGUE

D'UNE COLLECTION

DE

TABLEAUX

ANCIENS,

DES ÉCOLES FLAMANDE ET HOLLANDAISE,

Arrivant d'Allemagne,

Et faisant partie de la Galerie de M. P***

DONT LA VENTE AURA LIEU

HOTEL DES VENTES MOBILIÈRES,

RUE DES JEUNEURS, N° 42,

Salle n. 1,

LES LUNDI 7 ET MARDI 8 MARS 1853, A UNE HEURE.

Par le ministère de M° **RIDEL**, Commissaire-Priseur,
335, rue Saint-Honoré,

Assisté de M. Ferdinand **LANEUVILLE**, Expert,
rue Neuve des Mathurins, 73,

Chez lesquels se distribue le présent Catalogue.

EXPOSITION PUBLIQUE

Le Dimanche 6 Mars 1853, de midi à quatre heures.

PARIS

MAULDE ET RENOU,

IMPRIMEURS DE LA COMPAGNIE DES COMMISSAIRES-PRISEURS,
rue de Rivoli prolongée, au coin de celle de l'Arbre-Sec.

—

1853

CONDITIONS DE LA VENTE.

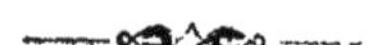

Elle sera faite au comptant.

Les acquéreurs paieront, en sus des adjudications, 5 centimes par franc applicables aux frais de vente.

CE CATALOGUE SE DISTRIBUE

A PARIS,

Chez M⁰ RIDEL, Commissaire-Priseur, rue Saint-Honoré, 335.
M. FERDINAND LANEUVILLE, Expert, rue Neuve-des-Mathurins, 75.

DANS LES DÉPARTEMENTS ET A L'ÉTRANGER

DANS LES VILLES SUIVANTES ·

Londres...............	COLNAGHI, marchand d'estampes.
Bruxelles.............	LEROY.
Anvers,..............	VERLINDEN.
Amsterdam...........	BRONDGHEEST.
Dito.............	DEWRIES.
La Haye.............	ENTHOVEN.
Rotterdam...........	LAMME.
Vienne...............	ARTARIA et Cⁱᵉ.
Munich..............	BRULLIOT, conservateur du Musée.
Saint-Pétersbourg.....	VON REGMORTER.
Lyon...............	HART, marchand d'estampes.
Lille................	TANCÉ.
Rouen..............	BILLARD, marchand de curiosités.
Marseille.............	PETIT-BERGONS.

AVERTISSEMENT.

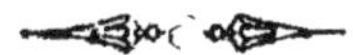

La galerie de M. P., amateur distingué d'une des capitales d'Allemagne, se compose de **318** tableaux anciens de toutes les écoles. Cette collection étant trop nombreuse pour être réalisée dans une seule vente, nous avons cru devoir la diviser en deux catégories :

La première, dont nous publions le catalogue, se compose de **170** tableaux des Ecoles flamande et hollandaise.

La seconde comprendra **148** tableaux des Ecoles française, italienne, espagnole, allemande et anglaise. Cette seconde vente aura lieu les **18** et **19** mars **1853**.

Cette galerie de tableaux n'arrivant à Paris que quelques jours avant la vente, nous nous trouvons dans la nécessité, n'ayant pas vu les tableaux, de publier le catalogue tel qu'il nous a été adressé par M. P. ***; et, pour donner une juste idée de la loyauté avec laquelle le propriétaire de cette galerie l'a rédigé, nous ne pouvons mieux faire que de transcrire ici la note dont il a fait précéder ce catalogue :

« Les peintres ont été, je crois, consciencieusement
« attribués ; cependant, tout en supposant les avoir
« signalés en connaissance de cause, je ne prétends
« nullement forcer l'opinion des amateurs et connais-
« seurs, je les prie donc de s'en référer, à ce sujet, à
« leur propre jugement. »

CATALOGUE

D'UNE COLLECTION

DE TABLEAUX

ANCIENS

des Écoles Flamande et Hollandaise,

Faisant partie de la Galerie de M. le comte de P...

DÉSIGNATION

ABSHOVEN (THÉODORE).

1 — Intérieur de ferme avec beaucoup de figures et
d'animaux.

> Toile. — Haut., 1 m. 4 c. Larg., 1 m. 40 c.

ACHEN (JEAN VAN).

2 — Adoration des bergers.

> Bois. — Haut., 0 m 34 c. Lrag., 0 m. 25 c.
> Gravé par Jean Sodeler.

AELST (W. VAN), signé, daté 1677.

3 — Des pêches, du raisin et des noix placés sur un
buffet.

> Toile.

ASSELYN (JEAN).

4 — Paysage avec ruines, figures et animaux.

> Toile. — Haut., 0 m. 59 c. Larg., 0 m. 51 c.

AVONT (Pierre Van den).

5 — Des enfants nus, jouant avec une chèvre.
Bois. — Gravé.

BACKHUYSEN (Ludolph).

6 — Marine. Temps orageux.

Passage d'un navire dans un détroit, des figures au premier plan et une tour sur la rive opposée.
Toile. — Haut. 0 m. 77 c.

BEGA (Corneille).

7 — Un jeune paysan avec un pot à bière dans les mains.
Bois.

BERGHEM (Nicolas), attribué.

8 — Repos d'animaux. Deux pendants.
Bois.

DU MÊME, signé daté 1643.

9 — Port de mer, avec vaisseaux, barques et animaux.
Toile. — Haut., 0 m. 82 c. Larg., 1 m. 20 c.
Ce tableau a été gravé par J.-Ph. Lebas.

BERKEYDEN (Gérard), signé.

10 — Scène de comédiens ambulants ; ils sont près des murs d'une ville, et entourés d'un grand nombre de personnages et d'animaux.
Toile. — Haut., 0 m. 54 c. Larg., 0 m. 63 c.

BLOEMAERT (Henri).

11 — Une jeune dame et un jeune homme faisant de la musique.

Toile. — Haut., 0 m. 63 c. Larg., 0 m. 50 c.

BOL (Ferdinand).

12 — Portrait d'un vieillard à barbe.

Toile. — Haut., 0 m. 50 c. Larg., 0 m. 47 c.

DU MÊME.

13 — Tête d'homme, vue de profil.

Bois.

DU MÊME, attribué.

14 — Un philosophe.

Bois. — Petite dimension. Ovale.

BOTH (Jean).

15 — Paysage avec chute d'eau. Quelques figures.

Bois.

BRAKENBURG (Richard), signé.

16 — Danse villageoise dans l'intérieur d'une ferme.

Toile. — Haut., 0 m. 50 c. Larg., 0 m. 60 c.

DU MÊME.

17 — Même sujet. Pendant du précédent.

Toile. Même grandeur.

BRAMER (Léonard).

18 — Sujet biblique.

Bois. — Haut., 0 m. 48 c. Larg., 0 m. 67 c.

BRAUWER (Adrien).

19 — Un paysan, une pipe à la main. Vu à mi-corps.

Toile.

DU MÊME, attribué.

20 — Deux paysans en gaîté, l'un des deux danse.

Bois.

BREKELINKAMP (Quinrin Van).

21 — Intérieur d'une famille de fileurs.

Bois. — Haut., 0 m. 58 c. Larg., 0 m. 83 c.

BREUGHEL (Jean).

22 — Paysage avec fabrique et quelques figures.

Cuivre. — Haut., 0 m. 28 c. Larg., 0 m. 41 c.

DU MÊME.

23 — Une couronne de fleurs, une corbeille et quelques accessoires.

Bois. — Haut., 0 m. 59 c. Larg., 0 m. 85 c

BRILL (Paul).

24 — Forêt traversée par un cours d'eau.

Cuivre. — Haut., 0 m. 27 c. Larg., 0 m. 34 c.
Figures par Annibal Carrache.

BROECK (Élie Van den).

25 — Fleurs dans un vase posé sur une table recouverte d'un riche tapis.

Toile. — Haut., 0 m. 91 c. Larg., 0 m. 75 c.

BYLERT (Jean), signé.

26 — Une jeune fille tenant une branche avec des feuilles.

Bois.

DU MÊME, signé.

27 — Un jeune homme tenant une flûte. Pendant du précédent.

CRAESBECKE.

28 — Intérieur rustique, avec figures et ustensiles de ménage.

Toile. — Haut., 0 m. 40 c. Larg., 0 m. 55 c.

CUYP (Albert).

29 — Marins avec barques et vaisseaux à la voile. On voit quelques figures sur le premier plan; et à l'horizon la ville de Dordrecht.

Bois. — Haut., 0 m. 32 c. Larg., 9 m. 43 c.

DU MÊME, signé, A. C.

30 — Intérieur d'écurie avec un cheval blanc, sellé et bridé.

Bois. — Haut., 0 m. 34 c. Larg., 0 m. 42 c.

DU MÊME.

31 — Paysage avec un moulin à vent, quelques barques, des figures et des animaux.

Bois. — Haut., 0 m. 46 c. Larg., 0 m. 55 c.

DU MÊME.

32 — Du raisin, des pommes, des poires et d'autres
fruits, sont déposés sur une table couverte
d'un tapis bleu.

Toile. — Haut., 0 m. 48 c. Larg., 0 m. 60 c.

DU MÊME, (attribué).

33 — Portrait d'une dame, un livre à la main.

Bois. — Haut., 0 m. 64 c. Larg., 0 m. 33 c.

DYCK (Antoine Van), monogramme du peintre.

34 — Portrait d'un vieillard à barbe blanche, il a une
toque de velours sur la tête.

Toile. — Haut., 0 m. 40 c. Larg., 0 m. 60 c.

DU MÊME.

35 — Etudes de deux chiens, de son grand tableau
des fils de Charles Ier, de la galerie de Dresde.
Deux pendants.

Toile. — Haut., 0 m. 48 c. Larg., 0 m. 61 c.

DU MÊME, attribué.

36 — Saint-Sébastien.

Toile. — Haut., 0 m. 86 c. Larg., 0 m. 71 c.

DU MÊME, attribué.

37 — Jésus enfant portant la Croix.

Toile. — Haut., 0 m. 63 c. Larg., 0 m. 53 c.

DIEPENBECK (Abraham Van).

38 — La Sainte-Vierge et l'Enfant Jésus.

Toile. — Haut., 1 m. 11 c. Larg., 0 m. 99 c.

DIEST (Adrien Van).

39 — Marine. Temps calme avec vaisseaux et figures.

Bois. — Haut., 0 m. 47 c. Larg., 0 m. 70 c.

DOU (Simon), signé.

40 — Combat de cavalerie.

Bois. — Haut., 0 m. 60 c. Larg., 6 m. 83 c.

DUJARDIN (Karel), attribué.

41 — Paysage avec figures et animaux, un bœuf, des chèvres, etc. etc.

Toile. — Haut., 0 m. 25 c. Larg., 0 m. 34 c.

DU MÊME, attribué.

42 — Paysage avec animaux, chèvres et moutons.

Bois.

EVERDINGEN (Albert).

43 — Paysage avec chute d'eau, moulins, figures et animaux.

Toile. — Haut., 1 m. 5 c. Larg., 1 m. 9 c.

DU MÊME.

44 — Paysage montagneux avec cascade sur le premier plan, orné de quelques figures.

Toile. — Haut., 1 m. 15 c. Larg., 1 m. 5 c.

DU MÊME.

45 — Paysage avec rochers et pièce d'eau.

Bois.

FALENS (Antoine Van).

46 — Le départ pour la chasse.

Une note allemande datée de 1771, collée derrière le tableau, indique qu'il vient de la succession du duc Clément de Bavière, archevêque de Cologne.

Bois. — Haut., 0 m. 48 c. Larg., 0 m. 64 c.

DU MÊME.

47 — L'abreuvoir. Pendant du précédent.

La même indication est collée derrière le tableau.
Même grandeur.

FOUQUIÈRES.

48 — Paysage. Vue de Flandres avec figures, par Baudewins.

Toile. — Haut., 0 m. 49 c. Larg., 0 m. 91 c.

FRANCK, FLORE.

49 — Une jeune femme embrassée par l'Amour.

Toile. — Haut., 0 m. 61 c. Larg.. 0 m. 48 c.

GRIFF (ADRIEN).

50 — Nature morte.

Bois.

HAMILTON (PHILIPPE-FERDINAND VAN), signé, daté 1736.

51 — Vue d'un haras, avec multitude de chevaux.

Toile. — Haut., 0 m. 95 c. Larg., 1 m. 26 c.

DU MÊME.

52 — Autre haras. Pendant du précédent.

Même grandeur.

HAMILTON (JEAN GEORGE VAN).

53 — Un lièvre suspendu à un arbre.

Bois. — Petite dimension. Ovale.

HEEM (David de), avec monogramme du peintre.

54 — Du raisin, des fraises et un grand verre à moi-
tié rempli de vin blanc.

> Toile. — Haut. 0 m. 45 c, Larg., 0 m. 30 c.

HELST (Barthelemy Van der).

55 — Portrait de l'amiral hollandais Egbert Maës,
Kortenaer.

> Il a été gravé par Blotelingh et cité par Dargenville.
> Toile. — Haut., 0 m. 86 c. Larg., 0 m. 72 c.

HEMSKERK (Sébastien).

56 — Concert villageois dans un intérieur rustique.

> Toile. — Haut., 0 m. 68 c. Larg., 0 m. 88 c.

HOBBEMA (Minder), signé.

57 — Paysage boisé avec pièce d'eau et quelques
figures.

> Bois. — Haut., 0 m. 60 c. Larg., 0 m. 71 c.

HONDEKOETER (Melchior).

58 — Deux oiseaux de proie, fondant sur un coq et
des poules. Paysage.

> Toile. — Haut., 1 m. 18 c. Larg., 2 m. 7 c.

DU MÊME.

59 — Un perroquet, des paons, un canard, un coq,
des poules et leurs poussins sont réunis dans
la basse-cour d'un château.

> Toile. — Haut., 1 m. 72 c. Larg., 1 m. 48 c.

HONTHORST (GÉRARD), Gherardo della Notte.

60 — Une des stations du Christ. L'insulte.

> Toile. — Haut., 2 m. 2 c. Larg., 1 m. 57 c.

HOOGH (PIERRE DE), signé.

61 — Intérieur d'une famille hollandaise.

> Toile. — Haut., 0 m. 81 c. Larg., 0 m. 67 c.

HUGTEMBURG (JEAN VAN), avec le monogramme du peintre.

62 — Combat de cavalerie.

> Toile. — Haut., 0 m. 64 c. Larg., 0 m. 79 c.

DU MÊME, *idem.*

63 — Même sujet. Pendant du précédent.

> Même grandeur,

JANSSENS (JEAN), signé.

64 — La princesse Dorothée de Glüchsbourg, seconde femme de Frédéric Guillaume. Elle porte la croix et elle est suivie de deux pages.

> Cuivre. — Haut., 0 m. 38 c. Larg., 0 m. 27 c.

JANSSENS (ABRAHAM).

65 — L'Abondance représentée par trois Naïades. Fruits de Sneyders.

> Bois. — Haut., 1 m. 14 c. Larg., 0 m. 94 c

JORDAENS (Jacques).

66 — Tête de Satyre.

> Toile. — Haut., 0 m. 42 c. Larg., 0 m. 30 c.

DU MÊME.

67 — Méléagre et Atalante.

> Toile. — Haut., 1 m. 58 c. Larg., 1 m. 12 c.

DU MÊME.

68 — Bacchus assis près d'un tonneau et buvant.

> Toile. — Haut., 0 m. 75 c. Larg., 0 m. 56 c.

KALF (W).

69 — Divers ustensiles de ménage et de cuisine.

> Bois. — Haut., 0 m. 37 c. Larg., 0 m. 50 c.

KAPELLLE (Jean Van).

70 — Marine temps calme. La mer est couverte de vaisseaux.

KLOMP (Albert), signé, daté 1663.

71 — Des chevaux, des bœufs et des moutons dans un paysage.

> Bois. — Haut., 0 m. 42 c. Larg., 0 m. 55 c.

LE DUC (Jean).

72 — Intérieur de corps-de-garde.

> Bois.

LELIE (Adrien de).

73 — Portrait d'une jeune fille.

> Toile. — Haut.. 0 m. 58 c. Larg., 0 m. 45 c.

LINGELBACH (Jean), signé.

74 — Paysage avec figures à cheval et animaux.

> Toile. — Haut., 0 m. 68 c. Larg., 2 m. 93.

LIVENS (Jean).

75 — Saint Jérôme.

> Bois. — Haut., 0 m. 64 c. Larg., 0 m. 49 c.

MARIENHOF.

76 — Adoration des Mages.

> Bois. — Haut., 0 m. 47 c. Larg., 0 m. 63 c.

MEER (Jean Van der).

77 — Paysage avec figures et animaux.

> Toile. — Haut., 0 m. 57 c. Larg., 0 m. 65 c.

METSYS (Quintin).

78 — Un Philosophe.

> Bois. — Haut., 0 m. 66 c. Larg., 0 m. 53 c.

DU MÊME.

79 — Le Christ mort entre les bras de sa mère.

> Bois. — Haut., 0 m. 88 c. Larg., 0 m. 71 c.

METZU (Gabriel), signé daté 1650.

80 — Une jeune dame est assise et lit une lettre, près d'elle est un perroquet perché sur un support, un chien est couché à ses pieds.

Toile. — Haut., 0 m. 63 c. Larg., 0 m. 50 c.

DU MÊME.

81 — Une jeune dame porte un petit chien sur ses bras, et un autre est à ses pieds debout devant elle, un homme jouant du luth est assis auprès. Dans ce dernier le peintre s'est représenté.

Bois. — Haut., 0 m. 45 c. Larg., 0 m. 37 c.

MEULEN (Antoine François Van der).

82 — Marche d'armée.

Bois.

DU MÊME.

83 — Choc de cavalerie. Pendant du précédent.

Bois.

MICHAUD (Théobald).

84 — Paysage : danse champêtre.

Toile. — Haut., 1 m. 40 c. Larg., 1 m. 16 c.

MIERIS (FRANÇOIS), signé daté 1672.

85 — Dans un riche intérieur orné de beaux meubles
et de statues, une jeune femme est assise près
d'un lit et vient d'être saignée au pied ; elle
est entourée d'un médecin, d'un chirurgien,
d'une jeune fille et d'un petit garçon ; au fond
on aperçoit une vieille occupée dans une
cuisine.

Toile. — Haut., 0 m. 54 c. Larg., 0 m. 43 c.

DU MÊME.

86 — Un jeune homme et une jeune fille sont atta-
blés un pot et un verre de vin à la main.

Bois.

DU MÊME.

87 — Portrait du peintre dans sa jeunesse.

Bois.

DU MÊME, signé daté 1676.

88 — Portrait d'un artiste.

Bois.

MIÉRIS (GUILLAUME).

89 — Un jeune homme et une jeune fille sont à table,
derrière eux une suivante est debout.

Bois.

MIGNON (ABRAHAM), signé.

90 — Fruits, huîtres et citrons, des coupes et quelques accessoires.

Toile. — Haut., 0 m. 52 c. Larg., 0 m. 41 c.

MOLENAER (CORNEILLE).

91 — Les Joueurs de boule.

Bois.

NEER (ARTHUR VAN DER).

92 — Clair de lune : Paysage boisé, avec rivière et figures.

Bois.

NEER (EGLON VAN DER).

93 — Un jeune Tambour marchant à la tête de plusieurs hommes armés.

Cuivre.

DU MÊME.

94 — Petit Paysage.

Bois. Forme ovale.

DU MÊME.

95 — Halte de voyageurs éclairée par le feu. Effet de nuit.

Bois. — Haut., 0 m. 23 c. Larg., 0 m. 34 c.

NETSCHER (Gaspard).

96 — La Partie de Cartes.

Toile. — Haut., 0 m. 35 c. Larg., 0 m. 27 c,

DU MÊME.

97 — La Partie d'Echecs. Pendant du précédent.

Même grandeur.

D'après une note allemande, collée sur l'un de ces tableaux, ils ont été gravés par Lépicier.

NEVEU (Matthieu), signé Naiveu, daté 1702.

98 — Un Repas.

Toile. — Haut., 0 m. 32 c. Larg., 0 m. 37 c.

OSTADE (Adrien Van).

99 — Intérieur d'un ménage rustique.

Bois.

OSTADE (Adrien), attribué, signé.

**100 — Intérieur villageois, éclairé par deux jours dif-
férents.**

Bois. — Haut., 0 m. 44 c. Larg., 0 m. 54 c.

Ce tableau est d'une finesse d'exécution qui n'est pas
habituelle à ce maître.

OSTADE (Isaac).

101 — Un Fumeur.

Bois.

DU MÊME.

102 — La Lecture de la Gazette. Intérieur rustique.

Bois. — Haut., 0 m. 40 c. Larg., 0 m. 60 c.

PALAMEDES (Antoine).

103 — Une société faisant de la musique et jouant aux cartes.

Bois. — Haut., 0 m. 49 c. Larg., 0 m. 65 c.

PEETERS (Bonaventure).

104 — Marine, tempête.

Bois.

PEETERS (Clara).

105 — Un lampe qui vient de s'éteindre, un verre cassé, une tête de mort, etc., etc.

Bois. — Haut., 0 m. 47 c. Larg., 0 m. 63 c.

PINAKER (Attribué à Adam).

106 — Paysage avec chute d'eau; figures et animaux.

Toile. — Haut., 0 m. 70 c. Larg., 1 m. 2 c.

POEL (Egbert Van der).

107 — Paysage. Effet de neige avec figures et animaux.

Bois. — Haut., 0 m. 52 c. Larg., 0 m. 63 c.

POTTER (Signé, daté 1652, PAUL).

108 — Trois bœufs et un mouton dans un paysage.

Bois. — Haut., 0 m. 30 c. Larg., 0 m. 34 c.

Lithographié à Hambourg en 1819.

DU MÊME.

109 — Trois moutons.

Toile.

RAVENSTEIN (JEAN VAN).

110 — Portrait d'homme.

Toile. — Haut., 0 m. 41 c. Larg., 0 m. 36 c.

REMBRANDT (PAUL VAN RYN).

111 — Le Christ bénissant le travail.

Bois.

REMBRANDT (Ecole de).

112 — Un Joueur de clarinette.

Toile. — Haut., 0 m. 90 c. Larg., 0 m. 72 c.

ROMBOUTS (Signé THÉODORE).

113 — Un Moulin et quelques ruines.

Bois. — Haut., 0 m. 53 c. Larg., 0 m. 40 c.

RUBENS (Attribué à P.-P.).

114 — Tête de vieillard. Étude.

Toile. — Haut., 0 m. 42 c. Larg., 0 m. 36 c.

RUBENS (Ecole de).

115 — Pomone entourée de festons de fruits et de légumes.

Bois. — Haut., 0 m. 89 c. Larg., 0 m, 54 c.

RUYSDAEL (Signé JACQUES).

116 — Paysage boisé, traversé par une rivière, un chasseur anime le tableau.

Toile. — Haut., 0 m. 32 c. Larg., 0 m. 46 c.

DU MÊME, signé.

117 — Paysage boisé traversé par une rivière, au bord de laquelle est un moulin. Un gros chêne est sur le premier plan.

Toile. — Haut., 0 m. 38 c. Larg., 0 m. 46 c.

DU MÊME.

118 — Paysage avec rivière et deux moulins.

Bois. — Haut., 0 m. 40 c. Larg., 0 m. 49 c.

RUYSDAEL (SALOMON).

119 — Paysage boisé avec pièce d'eau. Un paysan est dans une barque.

Bois.

RYSBRAEK (Pierre).

120 — Laboratoire d'un chimiste. Composition de plusieurs figures.

Toile. — Haut., 0 m. 67 c. Larg., 0 m. 83 c.

SAFTLEVEN (Hermann).

121 — Paysage avec figures et animaux.

Bois.

SAFTLEVEN (Corneille).

122 — Moines en prière dans un grotte.

Cuivre.

SAVERY (Roland).

123 — Paysage boisé. Le Christ et quelques animaux.

Bois. — Haut., 0 m. 33 c. Larg., 0 m. 55 c.

SCHALKEN (Godefroid).

124 — Portrait en buste d'un vieillard occupé à lire.
Effet de lumière.

Cuivre. Petite dimension. Rond.

SCHLICHTEN (Jean Philippe Van), signé.

125 — Intérieur de cuisine où l'on voit une cuisinière
occupée à embrocher une volaille. Elle est
entourée de légumes et de casseroles.

Cuivre.

DU MÊME.

126 — Un cuisinier préparant une cuisse de veau. Il est entouré de casseroles, et de divers ustensiles de cuisine. Pendant du précédent.

SCHOONJANS (Antoine).

127 — Portrait d'un vieillard avec une barbe, coiffé d'un turban, et la tête appuyée sur sa main gauche.

Toile. — Haut., 0 m. 82 c. Larg., 0 m. 67 c.

SEGHERS (Gérard).

128 — La Vierge et l'Enfant Jésus.

Bois. — Haut., 0 m. 73 c. Larg., 0 m. 60 c.

STEEN (Jean), signé.

129 — Un avare examinant et pesant ses pièces d'or.

Bois.

STEENWICK (Henri).

130 — Intérieur d'église avec figures.

Bois. — Haut., 0 m. 42 c. Larg., 0 m. 35 c.

STORCK (Abraham).

131 — Port de mer avec vaisseaux et figures.

Toile. — Haut., 0 m. 74 c. Larg., 0 m. 60 c.

TENIERS (David) Jeune, signé.

132 — Le Marchand de cochons. Le peintre s'est représenté, avec son père et son fils, dans les figures qui ornent ce tableau.

Toile. — Haut., 0 m. 55 c. Larg., 0 m. 78 c.

DU MÊME, signé.

133 — Paysan bourrant sa pipe.

Bois.

DU MÊME.

134 — Paysage par un temps d'orage, avec figures.

Bois. — Haut., 0 m. 32 c. Larg., 0 m. 40 c.

DU MÊME.

135 — Dans un intérieur rustique des paysans jouent aux cartes.

Toile. — Haut.. 0 m. 42 c. Larg., 0 m. 41 c.

TENIERS (David) Père, avec le monogramme du peintre.

136 — Intérieur rustique, avec figures et animaux.

Bois.

DU MÊME.

137 — Même sujet. Pendant.

Bois.

TERBURGH (Gérard).

138 — Jeune femme assise jouant du luth.
Toile. — Haut., 0 m. 85 c. Larg., 0 m. 38 c.

TILBORGH (Gilles Van).

139 — Paysans et paysannes assis et buvant de la bière.
Toile.

TOL (Dominique Van).

140 — Vieillard à une fenêtre avec un globe.
Bois. — Haut., 0 m. 35 c. Larg., 0 m. 27 c.

TYSSENS (Pierre).

141 — Adoration des Mages.
Toile. — Haut., 0 m. 42 c. Larg., 0 m. 53 c.

VANLOO (François).

142 — Buste d'une jeune fille les bras croisés sur la poitrine.
Toile. — Haut., 0 m. 66 c. Larg., 0 m. 52 c.

VANLOO (Jacques).

143 — Enlèvement des Sabines. Esquisse.
Toile. — Haut., 0 m. 57 c. Larg., 0 m. 70 c.

VELDE (Adrien Van den).

144 — Deux Moutons dans un paysage.
Bois.

DU MÊME.

145 — Deux Chèvres dans un paysage. Pendant du précédent.

Bois.

VELDE (Guillaume Van den), signé.

146 — Marine.

La mer est légèrement agitée; plusieurs vaisseaux sont à la voile.

Bois. — Haut., 0 m. 59 c. Larg., 0 m. 84 c.

VERSCHURING.

147 — Paysage avec figures, chiens de chasse et chevaux.

Bois.

WATERLO (Antoine).

148 — Forêt.

Toile.

WEENINX (J.), signé, daté 1700.

149 — Fleurs et fruits.

Toile. — Haut., 0 m. 56 c. Larg., 0 m. 47 c.

Ce tableau provient de la galerie royale de Schlecszheim, en Bavière.

WENINX (Jean Baptiste), monogramme daté 1659.

150 — Portrait d'une dame.

> Bois. — Haut., 0 m. 74 c. Larg., 0 m. 58 c.
>
> Ce tableau a fait partie de la galerie du feu roi de Hollande.

DU MÊME.

151 — Sujet biblique : le Veau-d'Or.

> Toile. — Haut., 0 m. 97 c. Larg., 1 m. 12 c.

WINANTZ (Jean).

152 — Paysage boisé, avec pièce d'eau, quelques embarcations, figures et animaux.

> Toile. — Haut., 0 m. 71 c. Larg., 0 m. 85 c.

DU MÊME.

153 — Paysage traversé par une petite rivière, avec figures.

> Bois. — Haut., 0 m. 54 c. Larg., 0 m. 45 c.

WINANTZ (Jean).

154 — Paysage avec rivière et quelques figures.

> Bois.

WITT (Avec le monogramme daté 1660, Emmanuel de).

155 — Mer doucement agitée, couverte de vaisseaux, une ville au loin borne l'horizon.

> Bois. — Haut., 0 m. 75 c. Larg., 1 m. 48 c.

DU MÊME.

156 — Le Sauveur appelant à lui les petits enfants.

Bois. — Haut., 0 m. 52 c. Larg., 0 m. 85 c.

WOUVERMANS (Monogramme du peintre, PHILIPPE).

157 — Un Cheval blanc et trois figures.

Toile.

WYK (Signé THOMAS).

158 — Halte de bohémiens près d'une fontaine et de quelques ruines.

Toile. — Haut., 1 m. 14 c. Larg., 0 m. 79 c.

ZORKG (HENRI-MARTIN).

159 — Un Paysan est assis dans un intérieur rustique rempli d'ustensiles de ménage et de cuisine.

Bois. — Haut., 0 m. 37 c. Larg., 0 m. 50 c.

INCONNUS

des écoles Flamandes et Hollandaises.

160 — Trois tableaux de fleurs. Pendants.

Toile. — Haut., 0 m. 38 c. Larg., 0 m. 30 c.

161 — Paysage dans la manière d'Hobbema, avec figures.

162 — Portrait d'une jeune femme, avec inscription.

Toile. — Haut., 0 m. 69 c. Larg., 0 m. 55 c.

163 — Sainte Catherine.

Cuivre. Petite dimension.

164 — Portrait d'homme avec moustache.

Toile. — Haut., 0 m. 42 c. Larg., 0 m. 37 c.

165 — Paysage boisé, avec figures et animaux.

Toile. — Haut., 0 m. 27 c. Larg., 0 m. 42 c.

166 — Intérieur de catacombe, effet de lumière. Monogramme inconnu.

Bois.

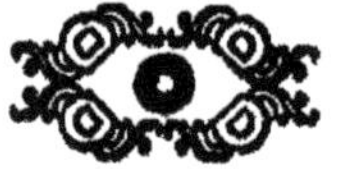

MAULDE et RENOU, Imprimeurs de la Compagnie des Commissaires-Priseurs, rue de Rivoli prolongée au coin de celle de l'Arbre-Sec.   8190